신호등도 멈추었는데

산책하러 갈까요

산책하러 갈까요

임성섭 시집

가을

자서

아리스토텔레스는 시는 자연의 모방이라고 했다.
오래전부터 시는 자연에서 비롯된 서정이며 서사였다.
자연과 공간, 사람에 대한
연민과 관계의 사유를 표현하고 싶었다.
자연이 지닌 원형적 이미지 속에서
현실과 일상이 품은 시적 상징성을 찾고 싶었다.
시는 때로 무용한 것의 아름다움과
무목적인 것의 가치를 일깨운다.
말하는 그림, 그림이 된 말이 되고 싶었다.

도움 주신 분들의 마음에 고마움을 얹고 싶다.

차례

자서

제1부

의자 · 14
있고 없고 · 16
봄 · 18
이태원의 봄 · 19
포구의 시계 · 20
아지랑이가 볼륨을 높여요 · 22
바람 탓 · 24
산책하러 갈까요 · 26
당산나무 · 28
그곳 · 30
매화를 치다 · 32
강물에 묻다 · 33
섬으로 간 아이 · 34

제2부

오월 · 38
초록은 빠르다 · 39
금낭화처럼 손을 잡고 · 40
주상절리 · 42
은어 낚시 · 44
작은 정원 · 46
동음이의어 · 47
열대야 · 48
배롱나무 · 50
발가락이 자란다 · 52
늦봄 오후 · 54
능소화 · 55
소주병 · 56
장 보따리 · 58

제3부

아버지의 빈집 · 62

오후를 잃어버렸습니다 · 64

여명 · 66

숲 · 67

방지턱 · 68

굴 따는 사람들 · 70

태안에서 · 72

곰탕 · 73

문상 · 74

가을밤 · 76

추석 · 77

시속 309㎞로 후퇴하고 있다 · 78

가을을 난다 · 80

처서 · 82

제4부

눈이 와 · 86

금정산에서 · 88

구간단속구역 · 90

서울로 갔다 · 92

국수와 잡채 사이 · 94

눈풀꽃 · 95

그놈 · 96

신호등 · 98

추월선 · 100

홍시 · 102

밥상 · 103

연어가 길을 잃었다 · 104

우정주 빚는 날 · 106

눈이 발바닥에 달렸어요 · 107

시평 · 110

| 1부 |

의자

거꾸로 쓰러진 의자에 시詩가 앉았다
왼쪽 다리가 약간 기울어 보였다
시가 삐뚤어져 쏟아지려고 한다
흔적이 거미줄을 타고 책상 위에 시를 그린다
시가 의자를 끌어당긴다

목필균의 낡은 의자는 길바닥에 엎어져 비를 맞다가 주검이 되었다 늙은 잔등을 내밀고 곤한 다리와 무거운 엉덩이를 앉힌 김기택의 낡은 의자는 다음 날 다시 일어서는 것을 보았다 공원 의자는 먼저 앉은 연인들의 사랑을 오래 속삭여 준다 나희덕의 한 그루 의자는 태어나 한 번도 두 발로 걸어 보지 못했지만, 지금도 걸음마를 배우는 중이다 유홍준의 사진관 의자는 누구의 시선도 없는 무표정한 사진을 아직도 찍고 있을까 나무 의자는 빈집을 지키다가 뿌리 내리고 푸른 이파리가 돋았을까, 썩어서 흙이 되었을까 정호승의 낡은 의자를 위한 저녁 기도

는 낡은 의자가 들고 있을까 이재무의 넘어진 의자는 누
군가 일으켜 자기 무릎에 앉히고 있는지 조병화의 의자
는 오늘도 늙은 의자를 위한 기도를 하고 있다*

  아버지는 나에게 나무 의자를 만들어 주었다
  의자는 내 엉덩이가 자라는 것을 보았다
  아버지는 엉덩이를 툭툭 쳤지만
  내 머리가 커가는 것은 보지 못했다

  누구의 손길이 까맣게 닳은 자리
  나무 의자는 왼쪽 다리가 기운 채 책상 앞에 앉아 있다
  시집을 들고 방문을 열자 의자가 돌아앉았다

---

* 목필균 「낡은 의자」, 김기택 「낡은 의자」 「공원 의자」, 나희덕 「한 그루 의자」, 유홍준 「사진관 의자」 「나무 의자」, 정호승 「낡은 의자를 위한 저녁 기도」, 이재무 「넘어진 의자」, 조병화 「의자」 부분 인용.

있고 없고

코끼리 마을에 코끼리는 없어요
아가리 벌리고 탱고를 추는 악어가 취했네요
나는 열기구를 타고 하늘을 오르며
숲속에서 집 짓는 코끼리를 찾아봅니다
가을이 열린 숲속에는 도시가 굴을 파고 있어요
굴속에는 아파트가 있을까요 단풍은 피었을까요
입구도 없는 굴이 가을을 흡입하고 있어요
잇몸이 삐져나온 석류가 도시의 신맛을 토해냅니다
보일러 소리에 풀벌레들이 깜짝 놀라 뛰어내려요
택배가 가을도 포장할까요
택배 상자에는 충전재만 도착했네요
나는 이불 뒤집어쓴 계절을 분리수거하고 있어요
된서리를 맞은 화단의 나무가 가로등 뒤에 숨었어요
숲으로 간 단풍은 길을 잃었어요
도시에는 코끼리 아파트가 있을까요
숲속에는 더위가 우왕좌왕하고 있어요

와인잔을 들고 풀장을 걷는 악어가 여름을 붙들어요
목 짧은 양말이 발목을 움켜쥐고 떨고 있네요

봄

너를 찾아
블랙박스를 뒤졌더니
텅 빈 메모리에서 시작하고 있다
세상에 처음 쓰는 노랑 연두
분홍에 물을 섞은 붓을
모퉁이에서 쭉 끌고 지나가면
벚꽃이다

이태원의 봄

새들이 꽃잎의 사체를 안고 어둠 속을 난다
한낮의 온기가 꽃에서 뿌리까지 불을 밝히고
길을 걷던 사람들이 날갯짓에 깜박이지만
꽃상여로 변한 새들의 비행은 점점 점이 된다

희롱당한 거리에도 꽃은 피었는데 꽃이 없다
벌건 대낮이 캄캄해서 네온사인은 낮에도 운다
사람들의 눈은 캄캄한 하늘만 보았는지
아침이면 온 세상이 흥건하게 젖는다

숲속의 한량들은 웃고 있다
쌓이고 쌓인 국화 꽃송이가 환생하여 거리를 날고
꽃잎을 잃어버린 사람들은 꽃을 심으러 떠난다
새들은 꽃잎을 안고 밤낮을 날며 점점 점을 찾으러 간다

임성섭

포구의 시계

헐렁한 구름 조각이
여명을 털어내며 분주하다

썰물은
어촌의 지붕을 하얗게 벗겨낸다
까만 포구에는
고깃배의 엔진이 지친 어업을 늘어놓는다

어둑어둑한 낚시꾼은
바다에 미끼를 물리고 졸고 있다
시장한 낚싯줄이
얽힌 비린내를 포구로 끌어올린다

멀리 떠 있는 불빛들이
점점 방파제 안으로 모여들고
언덕 위의 풍력발전기는

아직 시계를 돌리고 있다

민박집 창문이 등불을 달아
가자미처럼 눈을 모로 뜨고
새벽에 젖어 있다

걸어오는 촌로의 고무 대야가
지지 않은 달을 이고
별을 먹은 바람이 얼굴에 반짝인다

아지랑이가 볼륨을 높여요

  겨울 대낮에 아지랑이가 군중처럼 도로를 메운다
  자동차와 매연이 좌회전 신호등에 걸려 허리를 빠르게 꺾는다 엔진소리는 아지랑이처럼 도로 위에서 가물거리고 있다 높고 가는 선율처럼 부조화로 섞여 날카롭게 외쳐대고 둔탁한 음계처럼 산만하게 도로 위에 부서졌다 사라진다 구석에서 소리 없는 깃발을 들고 사람들이 겨울을 달구고 있다 아무리 펄럭여도 내겐 아무것도 들리지 않는다 날카롭고 거친 엔진소리조차 겨울은 귀를 막고 있다

  자동차와 사람들이 엉키고 깃발이 차로를 메우며 노랫소리가 높아진다
  사무실에서 분주한 사람들의 뒷모습이 거리로 내려앉는다 마우스를 눌러 찍는 소리가 말굽 소리처럼 한꺼번에 터져 나온다 도로에 깃발을 꽂고 헬리콥터가 착륙하는 굉음이 불꽃을 일으키며 흩어진다 인도에서 허리

를 드러낸 굵은 벽돌이 외치는 소리가 겨울을 달구고 있다 나는 여전히 아무것도 들리지 않는다 아지랑이가 도로를 점거하고 지면을 박차고 이륙하는 헬리콥터가 소리 없는 진동만 남기고 사라진다

바람 탓

물안개가 산허리를 돌아
잠이 덜 깬 꿈속을 적신다
한겨울 나목들이 뼈 소리를 내며
하얀 꽃을 피우는 새벽
바람이 나를 흔들어 깨운다

산허리로 바람꽃이 달려와
앳된 향기를 뿜어 청춘을 적신다
수줍은 봄 처녀 옷고름 물고
노란 꽃을 피우는 아침
바람이 내게 속삭인다

노란 개나리꽃 속에 발이 빠진 채
하얀 목련이 꽃샘추위에 떨고 있다
아직 살얼음이 흥얼거리지만
봄노래가 그리운 연분홍의 오후

바람이 내게 외친다

허공에 토해버린 고백이라도
설레는 봄이다
시詩가 바람에 실려
쓸어버린 기억이
꽃바구니로 달려드는 저녁
내게 꽃잎 편지를 보낸다

산책하러 갈까요

강물이 산속에서 빠져나옵니다
빛이 모여드는 강가에
바쁜 저녁이 풀어지는 시간입니다
발자국이 느긋해진 길 위로 물결이 날아오릅니다
겨울이 줄어드는 산정에는
푸른빛이 박힌 뿌리에서 새싹이 튀어 오릅니다
붉은 저녁이 몰고 온 산길에
당신과 맞잡은 손이 좁아집니다
새들이 종탑에 앉아 같은 말을 지저귀고
목젖을 열어젖힌 종소리가 물소리를 불러옵니다
건널목에 멈춰선 강물은
수만의 물비늘로 빛을 일구고 있습니다
신호등도 멈추었는데 산책하러 갈까요
오솔길 위로 붉은 노을이 탑을 쌓습니다
얼어 버린 신호등이 강물을 깨고 당신의 등에 길을 내면
멈추어 선 건널목의 어깨를 흔들어 보았을까요

귓전의 회색 소음이 머리카락을 갉아 먹습니다
강물이 흘러가듯이 당신의 머릿결이 아름다워집니다
어깨를 받친 등으로 가로등이 환하게 내려앉습니다

당산나무

 포만한 아지랑이가 보드를 타고 당산나무를 지나 아스팔트를 달린다 도시로 떠난 아이들이 그리워서 짧은 목을 길게 내민다 넓은 그림자로 만든 놀이방이 당산나무 밑에서 문을 연다 지천의 봄꽃들이 빨강 노랑 하얀 향기를 등에 지고 아이들 이름을 서빠지기* 당산으로 줄을 세운다 솔의 가지마다 그리움이 연필심처럼 박혀 있다 400년의 설화가 당산나무를 휘감고 용트림하는 서빠지기

 배롱나무가 하얀 가지를 흔들며 붉은 아이를 만나기 위해 치장을 한다
 아이들의 발자국이 녹아 있는 냇물은 음정도 안 맞는 노래를 부른다
 은어 떼가 수박 향을 퍼트리며 냇물을 모은다
 도시로 떠난 아이들은 모두 어른이 되었는지
 어린 발자국은 돌아갈 곳을 기억하는지
 도시의 현란한 소음과 콘크리트의 흉상이 푸른 솔의 향

수를 찾는다
 이른 새벽 당산에 서성이는 봄비는 할 말을 멈칫거리며 온다

 설화가 당산 축대에서 코를 골며 긴 잠을 잔다 400년이 쌓아 올린 하얀 제단에 새벽이슬을 담은 정화수가 홀로 제를 올린다 청초하고 은은한 기풍이 아스팔트에 묻힌 향토를 찾아 땅을 판다 토담 위에 박꽃이 엉금엉금 기어서 청아한 울림으로 당산에서 굿판을 벌인다 할아버지 할머니, 아버지 어머니의 정기가 배여 집 떠난 아이들이 길게 팔을 뻗어 강강술래를 한다

 산에는 나무가 콘크리트 집을 짓고 산다
 당산나무 가지에는 산이 주렁주렁 열렸다

 * 서빠지기: 경남 함양군 휴천면 대포마을 출입로

그곳

개천에는 노란 살얼음이 얼었는데
물고기는 어떻게 숨을 쉴까
진달래 향기
살얼음 속으로 들어가면
꿈속의 고래가 마실을 올까

햇볕을 좋아하는 오동나무는
뒷동산에 손바닥을 척 붙이고
삼겹살 파티를 준비하고 있을까
당신이 좋아하는 해바라기는
키재기를 하고 싶어서
벽에 그림자를 떨구고 있을까

지금도 그곳에는 물고기가 살고 있을까
고래가 마실을 와서 놀고 있을까
오동나무는 여전히 햇볕을 즐기고

해바라기는 키재기를 하고 있을까

창문에 매달린 간밤이 흐리게 꿈을 꾼다
흩어지는 집이 사람을 허물고 있다
햇볕을 쓸어 담아 아궁이에 불을 지핀다
내가 사라지고 있다

매화를 치다

수묵화가 꽃샘추위를 앞세워
봄바람을 꼬신다

백설이 녹아내린 절벽 위로
송악이 번져 나와
바위를 덮는다

봄을 먹은 붓끝이
극락교 도랑 위에서
호젓한 매화를 치고 있다

강물에 묻다

강물의 콧날이 바람을 일으켜 세운다
없는 얼굴이 검푸른 물속에 잠겨 있다
푸른 물그림자가 교각에 기대어 종일 흔들리고 있다
얇은 커튼처럼 아른거리는 아지랑이는 사월의 절반을 졸고 있다
버드나무 둥치에서 날아가는 바람이
물낯을 거슬러 올라간다
오월에도 있을 거니, 강물이 묻는다
물결에 젖은 바짓가랑이 목덜미를 감는다
강물은 돌아오지 않는데 나는 왜 여기 서 있을까
애타는 그림자 하나 물속에 숨어서
그대가 그립도록 데생을 하고 있다
실타래에 얽힌 얼굴이 방패연처럼 날아오른다

섬으로 간 아이

 정삼각형도 아닌 세모일 때가 있었어
 찌그러진 얼굴만큼이나 밑변이 미덥지 않았을 거야
 차라리 네모였으면 누군가의 의자라도 되었겠지
 밥을 먹을 때도 세모는 기울어진 탑처럼 불안했어
 세모와 네모 사이에 낀 원뿔이 될까 봐 밤잠도 설쳤지
 동그랗게 앉고 싶어서 책상 위에 숱한 밑그림을 그렸어
 그림 속 둥근 아이는 패스를 주고받는 농구 선수처럼
날아다녔어
 우주로 날아가 밝은 보름달이 되고 싶었을 거야

 먼 섬으로부터 아이의 숨결이 거칠게 뻗어 있어
 물속에서 서툴게 소라를 줍는 기포가 울려
 흔들리며 물 위를 걷는 발바닥이 파도를 타고 있어
 동쪽 바다 그 섬에는 송곳봉이 아이를 지킨다지
 나리분지는 아이가 만드는 장미 공원으로 내려앉을
거야

갈매기가 물방울 속에서 꽃새우를 키우고 있을지도 몰라
코끼리 바위를 날마다 오르는 우주의 천정을 그릴지도 몰라
삼선암을 휘감은 물길을 타고 공간을 유영하는 선녀를 꿈꾸겠지
세모와 네모의 기억으로 바다를 구르고 싶을 거야

| 2부 |

오월

시詩가 밤새 몽정을 하였는지
아침나절부터 졸고 있네
아카시아 꽃송이 터질 듯 붉고
장미가 하얗게 키스하는
아침 해도 푸르른 오월
졸고 있는 창가에서
시가 시를 애무하고 있네

초록은 빠르다

목 짧은 초록이 빠르게 손을 뻗는다
무릎이 드러난 드레스처럼
우아한 맵시에 시선이 몰린다
연두와 노랑 사이로
초록을 키워가는 팔이 백 리를 달려간다
벽을 타고 내려서는 초록이
산허리에 초대장을 내걸고 있다
분홍 물감이 골짜기로 흘러내리고
능선을 어루만지는 연둣빛 얼굴이
골짜기를 길게 늘린다
초록의 컨디션이 정오의 정점에서
반복과 반복을 반복하고 있다

금낭화처럼 손을 잡고

모자반처럼 뭉친 사람들이 난류를 몰아
계곡으로 올라간다
다람쥐가 천년송으로 길목을 단장하고
우리는 들꽃만 한 얼굴을 가진 듯
꽃과 이마를 맞춘다

내림굿 선무당이 방울을 허리에 차듯
밤이 깊을수록 눈을 밝히는 강신무
매운 연기가 참숯이 되도록 우애를 비벼내고
별들이 달려드는 산사의 종소리에
첫사랑 같은 이슬이 손을 내민다

눈썹마다 매달린 비밀의 정원에서
금낭화처럼 손을 잡고
밤새 연초록 물감으로 캔버스를 넓힌다
계곡을 탐하던 투명한 폭포가

천지에 꽃 비린내 뿌린다

주상절리

바위섬이 귀를 열고 있다
먼바다에서 머뭇거리는 그리움이
비릿한 얼음 기둥을 토하고
시퍼렇게 성을 쌓는다

달무리에 숨겨진 계수나무가
별빛으로 낯을 가린다
마그마가 비밀의 열쇠를 쥐고
바다에 벽을 세운다

푸른 실타래에 얽힌 이야기가
거친 밤바다를 달랜다
달빛으로 담금질한 운석이
흰 섬을 깎고 있다

얼음 기둥은

물속에서 불쑥 솟아오른 것인지 모른다
보내지 못한 연서戀書를 벼랑에 새기고
수런거리는 흰 섬이
망부석처럼 파도를 끌어들인다

은어 낚시

걸갱이 낚싯대를 들고
강물 속을 기어오르는 사람에게
바닷속 고래 같다고 말했다
아카시아꽃이 강가를 맴돌아
꿀벌을 부르는 소리가 강물 속으로 익사했다
물속을 휘젓는 낚싯바늘이 거칠게 물비늘을 그렸다
바늘에 걸린 은어가 하늘로 솟구치고
수경을 쓴 고래가 덩달아 튀어 올랐다

따가운 햇볕이 피부를 쪼아대는 오후
밀린 숙제들이 물속으로 가라앉고
배꼽이 드러난 배는 성질 급한 은어처럼 참방거린다
장작불로 지어낸 초벌 이밥이 한 김 내쉬고
은어를 꽂은 흰 밥이 양념장과 뒤섞인다
아카시아꽃, 튀김 냄새가 구름도 불러 내리고
나물무침을 밥숟갈에 올리면

기억의 하류에서 큰 물고기가 거슬러 오는 것 같다

별들이 은빛처럼 내려앉고
은어의 수박 향이 이웃집을 다닥다닥 붙인다

작은 정원

썩은 뿌리를 다듬고 있는
침묵의 손길이 말라간다
하얀 장미꽃이
외출하고 돌아온 내 손가락에
눌어붙는다
벤저민이 의족을 하고
곡선이 되어간다
벽을 타고 오르는
자명종이 탕탕 벽을 친다
분수대가 말랑한 무릎이 닿는
우리의 간격을 적신다
잎에서 떨어지는 물처럼
뿌리에서 자라는 흙처럼
우리는 우리를 섞는다
맷돌에 다진 인절미처럼
쫄깃한 저녁이 커튼을 내린다

동음이의어 同音異義語

말이 없는 사람이 말을 타고 떠난다
말이 지나간 자리에는 말똥이 멀겋다
파리가 달라붙은 말똥에는 밥이 없다
바람이 말똥을 밟고 냄새를 먹는다
냄새는 말보다 앞서서 말을 옮긴다
말과 말의 간격이 무너진다
말은 진흙탕에 빠져도 멈추지 않는다
경마장에서 말과 말이 경주를 한다
마권이 말을 몰고 말속으로 사라진다
말이 인쇄소에서 뜨거운 글을 쏟아낸다
옥상의 대형 스크린에서 말과 말이 뛴다
사람들이 지하도로 숨어서 말을 엿본다
말이 땅속에서 전철을 타고 달린다
말이 많은 곳에 말이 도착했다
말똥이 많아서 귀가 뜨거워진다

열대야

마네킹이 옷을 벗으면
체온이 내려갈까
가시나무의 가시가 가장 뜨겁게
달구어져 있다
넝쿨이 창살에 매달려서
뜨거운 어둠을 휘감는다
끈적한 맥박이
여름밤을 채우고 있다

안내 로봇이 회전문에 갇혀 있다
문고리가 없는 문이 빌딩을 지키고 있다
여름이 온종일 문을 찾아 헤매지만
열대야는 빠져나가지 않는다

폐업한 백화점이
어깨에 현수막을 두르고 있다

열대야를 고칩니다
빌딩이 열대야로 녹아내린다
회전문이 땀에 엉겨 회전하지 않고
몸살을 앓는 굳은 어깨가 주먹을 던진다
문고리가 없어서 나갈 수가 없다

배롱나무

석 달 열흘 기도 같은 심정으로
더위를 먹고 있다
살랑거리던 가지마다
한여름 골목길이 분홍으로 물들어 간다
대문을 열고
붉은 속살 터지듯 꽃주름을 피우고 있다
손가락만 한 가지를 잘라서
이름을 새겼던 흔적이
서랍에서 뭉툭한 도장으로 반긴다
친구의 안부가 셔틀콕처럼
담을 넘어와 가지마다 꽂힌다
무한화서가 여름의 끝까지 올라간다
자전거의 페달을 밟는 것처럼
왕매미의 울음이
붉은 가지를 세차게 흔들고 있다
담장 너머 능소화의 유혹에도

피고 지고 피고 지고
백일을 이어가는 홍조가
한낮의 가슴을 퍼덕거리고 있다
파란 구름이 골목을 덮는다
대문을 들어서는 빨간 그림자
탱고의 주름을 펼치고 있다

발가락이 자란다

발가락이 밟히려고 자란다
시커먼 양말이 터널처럼 밀고 들어와 구속하고
가죽 구두에 갇혀 숨통을 죄도
발가락은 발등을 내려와 앞만 보고 자란다

구둣발에 밝힌 약지 발가락 살리셔요 비명을 질러도
계단에서 구른 엄지 발가락이 깁스해도
벤츠에 깔린 검지 발가락이 입원을 해도
동상에 걸린 발등이 발가락을 잘라내도
발가락은 맨 끝에서 형제처럼 자란다

약지 발가락이 병실 문을 잠그고 링거를 마신다
중지 발가락이 석고 깁스에 기름을 채운다
검지 발가락이 자동 제세동기에 가슴을 묻는다
엄지 발가락이 구두끈을 태극기 게양대에 매단다
새끼발가락이 엘리베이터에서 뾰족한 굽에 찍혀도

발가락이 발등을 타고 전사처럼 자란다

늦봄 오후

고라니가 놀다간 재 너머에는
마을버스가 지쳤는지 퍼질러 앉았다
뒷산으로 나물 캐러 간 당신은
묘비만 만지고 퍼질러 앉았다
동구 밖 집배원의 오토바이는 부르릉부르릉
배기관이 망가졌는지 길바닥에 퍼질러 앉았다

내가 탄 고속버스는 갓길에서
표지도 없는 정거장이 되고
나물 삶는 가마솥은 김이 끓어 넘친다
길이 그만 풀렸으면
신작로 덩굴장미로 담근 붉은 꽃술이
익고 있었으면,

마을이 퍼질러 앉아
하염없다

능소화

능수버들 그늘이 담을 두르고
다람쥐도 윗옷을 제쳐 할딱이는 여름날
구중궁궐 담장이 가슴을 활짝 열었다
소화의 사랑이 담장을 휘감아
담장과 담장이 그리움으로 선을 잇는다
화사하게 피어난 가슴을 깊숙이 열고
섭씨 36.5도의 속살을 숨긴 채
오똑 솟은 진분홍 콧날을 한여름에 들이댄다

소주병

소주병이 돈다
시내를 돌고 먹자골목을 돌아
병뚜껑을 딴다

가면을 쓴 소주병이 테이블을 돈다
이마가 벗겨진 A가 웃는다
B는 벌써 가발이라지
C는 원래부터 말끝마다 C를 붙인다
D는 E를 기다리지만
F가 먼저 온다
소주병이 맥주병에 업혀 꼬부라진다
네가 흐느끼는 소리는 아니지만
빈 병이 괴성을 지른다

소주병이 자빠진다
삼겹살보다 더 빨리 자빠지고

마늘보다 먼저 일어난다
자빠진 소주병을 줍는 노인의 손등에
병뚜껑이 촘촘히 박혔다

소주병이 춤을 춘다
해가 뜨도록 춤을 춘다
새벽보다 늦게 누워도
새벽보다 먼저 일어나고
해장국보다 늦게 울어도
해장국보다 먼저 웃는다

노인의 손등에서 아침이 울고 있다
소주병이 돌고 돈다

* 김수영, 「풀」, 패러디

장 보따리

어머니가 장에 가는 날 아침은 전쟁이다
내 검정 고무신은 바닥이 구멍났다고 섬돌에 돌아앉았고
둘째 운동화는 엄지발가락이 나왔다고 떼를 쓰고
셋째 책 보따리는 학교 가기 싫다고 마룻바닥에 드러눕고
넷째 기저귀로 만든 팬티는 거시기가 쓸린다고 지랄이고
막둥이 분홍 바지는 엉덩이를 누벼서 박았다고 동동거린다

오일장 십 리 길 어머니 따라서
분홍 바지와 기저귀 팬티는 고사리나물 보따리 속에 숨고
책 보따리와 운동화는 흰콩 자루 속에 숨고
검정 고무신은 어머니 머릿속에 숨어서 신작로를 걷

는다

  섬돌에 문드러진 어머니 굽은 허리춤이
  겨우내 묵은 짚단 속에 삭혀서 몇 다발 쪄낸다
  사립문 밀치고 들어서는 장 보따리!

  어머니는 또 벌거벗는다

|3부|

아버지의 빈집

아버지의 녹슨 지게가
멜빵끈을 길게 늘어뜨리고 있네
햇볕도 없는 헛간에 우두커니 서서
고장난 자명종만 바라보네

아버지의 굳은 어깨와 얼굴이
자명종에 숨어
곪아가는 나뭇가지로 남았네

호롱불 밝혀 꼬던 새끼줄아
문풍지로 스며들던 겨울바람아
아무것도 모르던 철부지들아
잘 있느냐
논밭을 푸르게 색칠하던 피땀아
지게 지고 넘나들던 눈물아
잘 있거라

이제는 껍데기로 남은 어린 눈동자야

햇볕이 따뜻하여 지게 지고 뒷산에 갔다가
찬바람 여미는 옷깃에 혼자인 걸 알았네
군불로 산을 태워도 아버지의 집은
고장난 자명종에 갇혀만 있네

오후를 잃어버렸습니다

안개가 기웃거리다 간 골목에
쑥부쟁이가 웃습니다
축담 밑으로 배시시 고개를 내민 얼굴이
밤샘한 입시생처럼 창백합니다

개울가 이끼에 앉은 이슬이
흰 이를 드러내고 몸을 말립니다
알을 품은 암탉이
날개가 비좁다고 밥투정을 합니다

햇빛이 뒹굴고 있는 텃밭에
목을 웅크린 지렁이가 골을 팝니다
고개를 떨어뜨린 해바라기가
반짝이는 낙엽을 주워 책갈피에 끼웁니다

탈색된 뒤뜰에 낙엽이 모여

도토리를 줍는 다람쥐를 따라 굴러다닙니다
뼈다귀를 물고 낙엽 속을 휘젓던 강아지가
울타리를 데리고 사라집니다

풀어헤친 구름이 대문 앞에 머물고
국화 송이가 입을 쭈뼛거리며 속을 여밉니다
쩍 벌어진 석류가
장독대에서 후숙을 시작합니다

여명

길 잃은 철새가
온 세상을 까맣게 도배질이다
가면 쓴 별들이
격정의 속살을 내뿜는 밤

동녘의 여명은 분수처럼 푸르구나

숲

숲은 어느 심해로부터
녹물을 길어 올리는 걸까
나무는 팔랑거리는 돛을 달고
숲을 노 저어 간다
구름이 바람의 크기만큼 이동하고 있다
물안개가 피어오르면
숲은 나무를 감추어 버린다
발가락에 힘을 줘도 다가서지 못하는 절벽이
추락한 흔적으로 섰다
멍이 든 고래 등을 타고 심해로 가는 흔적이
나무를 손에 쥐여 주었다
별빛을 심어놓은 나무가 빙하수를 뱉는다
나무가 하늘과 구름 사이로 번져 나간다

나무 안에서 파도 소리가 떨린다
숲속에 집을 짓는 파도 소리가 울린다

방지턱

길에 가로누운 나는
속이 새까맣습니다

헬멧도 없는 바이크가 잇몸을 뚫고
굉음으로 달려든 자동차가 허리를 꺾었어요
턱이 혹을 매달고 무릎을 늘립니다
과속을 받아내려는 턱이 노란 깃발을 흔들며
어깨에 힘을 주고 가슴도 부풉니다

부러진 팔다리는 옷걸이에 걸어 두었어요
새까만 속이 메스꺼워
가슴을 꺼내어 털어봅니다
자동차의 까만 매연이 쏟아졌어요
브레이크와 엑셀 사이에서 운전사가 우쭐댑니다

가로등 불빛 아래 그림자가 길게 눕습니다

양 바퀴를 번쩍 든 트럭이 사납게 달려들었어요
브레이크가 허공에 달라붙어 급발진이라고 합니다
찌그러진 트럭이 깡통처럼 높이 솟구쳤어요
요란한 사이렌이 턱 앞에서 멈춥니다

나는 구급차에 누워 팔다리를 찾고 있습니다

굴 따는 사람들

누워있는 바다가 일어난다
바다를 걷어 올리는 사람들이
마술사의 손처럼 알을 깐다
검은 미소가 나부끼는 바다에
심해의 맥박이 뛴다
하얀 속살이 잠수복을 벗고
첫 얼굴을 내민다
한껏 부풀어 오른 가슴은
한나절 내내 속도를 늦추지 않는다
손과 손이 길어져서
시계는 잔업처럼 늘어난다
크레인은 숨비소리도 없이 물질만 하고
컨베이어는 돌고 돌아도
새참을 먹지 않는다
굴 따는 사람들이 흩어지는 저물녘
알맹이보다 껍데기가 더 많이 쌓인다

먼바다로 돌아가는 석양이
배 위의 보석을 벌겋게 훔쳐본다

태안에서

만리포 해안이
붉은 바다를 감싸고
잔잔한 파도는 백사장을 비질한다

허름한 민박집은
병풍에 기대앉은 촌로처럼
서쪽 하늘을 향해 하품만 한다

노포 국수 맛은 그대로인데
탱탱한 면발이 노을에 반해서
젓가락만 홀로 휘젓고 있다

곰탕

가을빛이 베란다에 돗자리를 깔고
화초의 잎사귀를 일일이 쓰다듬는다
벤저민이 반짝반짝 웃으며 잎을 넓힌다
주방에서 끓어오르는 김이
거실을 지나 베란다로 모인다
고개를 쳐들고 입맛을 다시는 다육이
침을 삼키는 벤저민을 흘긴다
곰탕 끓는 소리가
어머니 무릎 앓는 소리 같다

문상

슬픔이 꺼질까 봐 향을 갈아 꽂는다

국화 향기가 빈소를 메우고
재배를 올리는 사람들이 조화처럼 줄을 잇는다
곡소리가 촛농으로 뚝뚝 떨어진다

입구에는 산 자들의 신발이 뒤엉켜 입을 다물 줄 모른다

영정사진은 한결같이 웃고 있다
맏상제는 기둥같이 서서 웃음을 받아 내고
손자는 주저앉아 핸드폰 속으로 빠진다
홀에는 똑같은 밥상이 연이어 차려지고
슬픔은 조금씩 이완되어 술상으로 겹친다

빈소에는 밤이 없다
복도의 긴 조화행렬이 조명처럼 빛나고

잦아진 향이 다시 피어오른다

가을밤

풍만한 저 달도
감나무 가지에 걸터앉아
정적이 감도는 가을밤
낯익은 귀뚜라미 소리가
유년으로 데려간다

개구쟁이 청아한 울림이 서려 있는 곳
눈감으면 그곳으로 달음질치고
뛰놀던 뒷동산 솔바람이
흩뿌려진 달빛을 자꾸 쓸어 담는다

뼈마디가 앙상한 감나무에
초승달이 걸터앉아 떠나지 못한다
구슬픈 부엉이 소리
달빛의 목청을 뚫고
창 열린 뒷방으로 밤마실 온다

추석

밤송이가 툭 떨어져 오솔길을 할퀸다
어린 추석빔이 벽장에서 설레고
감나무에 아버지의 미소가 동글동글 익어간다
어머니의 송편은 소나무에서 따 왔을까
녹슨 삽이 헛간에 기대어 휴식하고
아버지가 벗어놓은 지게가 장승처럼 서 있다
고추잠자리 두 마리가 빨랫줄에 앉아
보름달을 기다리는 오후
대추나무에 걸린 추석이 하나둘 떨어진다

시속 309㎞로 후퇴하고 있다

선로가 시속 309㎞로 후퇴하고 있다
논밭은 250㎞로, 산야山野는 조금 더 뒤에서 186㎞는 될까
끝말잇기라도 하듯 이정표가 나타났다가 사라진다
구름은 큰 보폭으로 섬을 옮기고 하늘은 따라오는 적이 없다
눈썹처럼 가늘어진 기차는 선 위에서 외줄을 타듯 건반을 달린다
309㎞의 굉음이 산을 넘고 물을 건너고
베토벤 비창 2악장의 선율은 귓속에서 굉음을 묻어버린다
지나간 시간이 시속 80㎞의 소음으로 다가온다

아기들 모습, 학생들의 운동회, 군인들의 훈련 모습이 모니터에 그려진다
그림을 그리는 아이들의 모습과 분주한 사람들의 모

습이 보인다
  하늘을 날고 있는 비행기는 80㎞의 소음을 마셔 버린다
  사람들이 달리고 있다 아이들은 도화지에 소리 없는 연주를 계속해서 그린다
  소음이 선로에서 지친 기차를 끌고 활주로를 달린다
  비행기는 기차의 속도에 동요하지 않는다

  나는 가만히 앉아 있는데
  오늘이 시속 309㎞로 후퇴하고 있다

가을을 난다

노란 들판이
서리에 젖은 갈대를 잡고 무늬처럼 난다
강가애愛 수줍음으로 파르르 떨고
바다로 가는 은빛들은
물고기 무등을 타고 수평선을 난다

주말 아침 안개 핀 공항이
관제탑에 새긴 설렘으로 온통 은빛이다
반팔로 줄 선 비행기 파르르 떨고
활주로의 기도 같은 흔적으로
사연 많은 구름 속을 난다

짙은 발자국이 모인 들국화 무리가
농익은 향기를 잡고 전염된 낙엽처럼 난다
고추잠자리 향내에 취해 파르르 떨고
사방으로 충돌한 사랑으로 만나

지리산 메아리 따라 엄천강을 난다

처서

　싸리비를 든 쑥부쟁이가 수다스러운 귀뚜라미를 쫓는다
　바짓가랑이를 훔치고 등짝을 기어오르는 바람이 마당을 쓴다
　절구에서 쏟아지는 알맹이들이 마당에 널린다
　열린 문으로 들어서는 노을이 길게 눕는다
　허파로 숨을 쉬는지 피부로 숨을 쉬는지 소파에 김이 서린다
　선풍기가 내뱉는 풍량이 매미 날개처럼 힘이 빠진다
　길 건너 카페에는 연인들의 키스신이 짙은 커피 향을 퍼트린다
　배롱나무는 마당 끝에서 붉은 지느러미를 흔들고
　돌보지 않은 잡초가 뒷간을 서성이며 노란 물이 들어간다
　따뜻한 노을의 점액이 밤새 쓰다 만 소설을 덮고 얼굴을 그린다

너를 쫓아가는 가을이 나도 따라가고 싶은 가을 속에 묻힌다
　나는 덮어놓은 일기장을 꺼내 들고 창가에 앉아 불을 밝힌다
　불빛이 긴 그림자를 끌고 열린 문을 빠져나간다

4부

눈이 와

마당도 골목도 사라졌어
하늘도 산도 사라지고 안 보여
고드름이 하늘로 솟아
구멍을 뚫었나 봐
아버지와 밤새 만들던 눈사람이
동구 밖에서 눈싸움을 하고 있대
쇠죽 끓이던 아버지의 하얀 발자국이
소리 없이 사라져
아버지의 발자국 따라
눈사람이 달려왔대

아버지의 미소가 쌓이고 있어
눈과 미소 사이로
살이 무른 진흙 길이 일어나려고 해
겨울과 겨울 사이로 아무리 쫓아가도
아버지의 길어진 발자국은 사라지고 없어

저 흰빛은 다 어디로 갔을까

아버지의 눈빛이 사방으로 박힌 마당에
눈사람과 손을 잡고
사라진 발자국을 아무리 찾아가도
아버지가 묻어 둔 군고구마 냄새만 나

금정산에서

겨울밤 안개 품고 늦잠 자던 고당봉
장산 너머 운무 속으로 내비치는 햇살에
이맛살 찌푸리며 배시시 기지개를 켠다

밤새 근엄하게 자란 위엄은
동풍으로 묻어오는 해풍에 눈 비비고
굽이쳐 흐르는 낙동강 넋이 쌓여
수만 년 정기를 머금었다

홍엽으로 치장했던 속살도 풀어 젖히고
오가는 바람도 쉴 곳 없는 고당봉
동침하던 안개가 머물다 떠나면
상계봉, 파리봉이 문안을 온다

사방으로 뻗어 내린 정기 모아
무명암 바위가 솟아나고

뜨는 해 바라보는 줄기마다 나목의 외침이
아침 바람 속으로 메아리친다

바다와 강을 끌어안고 고즈넉한 어미의 품으로
꿋꿋하게 자리한 금정산
알몸이 되어버린 속살 내어주며
포근한 품속이 단단하다

구간단속구역

그물에 걸린 꽃게는 꽃이 없다
통발에 갇힌 조개는 진주가 없다
도로는 발바닥만 복사하고 있다

공항 검색대는 자정이 지나도 캐리어가 돌아간다
어둠을 표절한 새벽은 포맷 구역만 닦고 있다

새벽은 물감처럼 풀어지고
신호등 앞에서 경적이 출렁인다
제3구역에는 보이지 않는 카메라가 돌아가고
놓쳐버린 정기 검사는 응급실을 찾고 있다

카메라 렌즈는 안개에 갇혀 길을 잃고
구름 속을 뚫지 못한 햇살이
낡은 레코드의 음처럼 늘어진다

습관이 되어버린 나의 출퇴근은
헛기침만 듣고도 속도를 줄이고
기억을 잃은 내비게이션은 단속 구역을 놓쳐버린다

화려한 꽃을 찾아 백화점 계산대는 돌고
검은 진주를 찾아서 공항 검색대는 돈다
겨우 반환점을 지난 제3구역은 수평선을 측량 중이다
멈춰 선 나는 카메라를 꺼내 렌즈를 갈아 끼운다

샛별이 길을 찾는 시간
나는 상처 난 구간을 꺼내 들고 엑스레이를 찍고 있다

서울로 갔다

모든 이정표가 서울로 간다
길바닥에도 서울은 돋아있다
서울이 가까워질수록 서울은 더 커진다

서울을 동경하도록 글을 쓰고 책을 판매한다
서울이 최고라고 가르치고 자랑을 한다
서울의 뉴스에 절반의 공을 들인다

대기업 본사는 서울에 짓지 않으면 큰일이 나는지
은행 본점이 서울을 벗어나면 망하는 줄 아는지
아파트값이 40억, 80억으로 치솟아야 서울다운 건지
세상에서 서울 야경이 최고라고 엄지를 치켜세우는 나도
번복하며 서울 속으로 박혀 버렸다

대학을 졸업하면

서울로 가겠다던 누나는 서울로 갔다
서울역에서 전철로 50분, 마을버스를 갈아타고 25분,
좁은 골목길을 10분 이상 걸었다
작은 건물 앞에 야윈 누나가 있었다
원룸에 앞집이 꽉 차서
누나를 제대로 쳐다볼 수가 없었다

국수와 잡채 사이

국수가 먹고 싶어서 잡채를 찾을 수도 있지
국물이 뜨끈한 잔치 국수도 좋지만
매콤한 비빔 잡채는 더 설레게 해
식도에 고추장을 바르고 막걸리 한 사발도 원해
햇살이 가슴으로 스며드는 웅크린 오후
계란말이가 벌겋게 덤으로 나오고
후문 옆에서 몰래 먹던 도넛과 노란 주전자가
교복을 적시고 눈동자에 꽂혀
오후가 바다로 빠지면 갯바람이 비린 맛을 토하고
주름이 몇 개나 파였을 아이가 책가방을 옆구리에 끼고 달려와
  어둠이 굳어가는 저녁이면 그 가방을 열어볼 수 있을까
  아침이면 이월되어 버린 나만 덩그러니 남겠지
  부추가 듬뿍 들어간 잔치 국수를 말고 있겠지
  우유 향이 스멀거리는 파스타 접시를 닦고 있을지도 몰라

눈풀꽃

눈을 감고 바라본 하늘에 눈꽃이 피었다
한 송이 두 송이 떨어져 눈 속으로 잠긴다
눈꽃이 씻어내는 안구에 상고대가 자란다

눈 속에 풀이 숨어서 가슴으로 자란다
풀 위에 흰 눈이 소복이 쌓인다
단단한 눈 뭉치가 가족처럼 뭉쳐서
안방에는 가슴이 녹아내린다
아이들이 안방에 모여서 녹아버린 눈으로 눈싸움을 한다
나는 얼어붙은 손으로 눈송이를 말린다

눈을 감고 바라본 하늘에 눈꽃이 피어서
꽃다발 만들어 마중하러 간다
눈이 펄펄 내리는 허공에 눈풀꽃을 심는다

그놈

엘리베이터에서 졸고 있길래
깨워보니 그놈이었어요
만취한 그를 둘러메고 초인종을 누르자
현관문이 걸어 나왔어요
간신히 거실로 들어왔는데
소파가 안아줍니다
서재의 책장이 뛰쳐나와
두 눈을 부릅뜨고 쏘아붙였어요
거실 창이 베란다 창을 향해
소곤대며 그림을 그립니다
천장 등은 몰카라도 찍는지
책장을 따라 고갯짓이 바쁘군요
아랫집의 할머니가 그림 그리는 소리가 크다고
고함을 질러댔어요
나는 암벽에 안겨서도 그림을 그려 보았어요
암벽에서 떨어지며 허공을 가르는 그림도 보았어요

그 그림은 어디로 가버렸을까요
정수기가 뚜벅뚜벅 걸어와서
냉수를 한잔 놓고 갑니다
커튼이 스르르 내려와 소파를 덮습니다
아침까지 늘어지게 자고 있던 그놈이
말을 걸어옵니다

신호등

내 눈동자가
교차로에서 깜빡거린다
교차로가 습관처럼 신호등을 지켜본다

장미 공원의 향기가
초록불을 켜고 직진한다
도서관의 책 읽는 소리가
매미 소리에 섞여
좌회전 신호로 바뀐다
공항으로 가는 길이
우회전 깜빡이에 웃는다

초록불을 건너면
분위기 좋은 룸카페의 커튼이
바닷가를 거닐고 있다
길 잃은 사람들이 신호등을 찾는다

좌회전인지 우회전인지 직진으로 가야 하는지
가고 싶어도
신호등은 기다려 주지 않는다
초록불만 밝혀도
여름은 건널 생각이 없는 것 같다
추락한 시간이 빨간 등에 매달려 있다

초록과 빨강의 경계선이
희미해지는 새벽
노란 점멸등이 뒤척이고 있다

추월선

선을 넘는
너의 좌측 눈빛이 빛났다

무성한 숲을 밀어내고
파릇한 논밭을 갈아엎어
집에 가는 길이 가까워진 날들

기둥을 세우고 다리를 얹으며
닳아버린 얼굴이 정면을 포박한 채
달려오는 차선이 빠르게 지나간다

흐린 날은
길 잃은 별처럼 창에 기대어
늘어진 손바닥을 쥐어 본다

된바람은 선을 좁혀오고

흐린 불빛에 속도를 맡긴다

기회는 추월하라고 있는 것
앞에는 뻥 뚫린 길이 있을까

홍시

국화꽃 향기에 그리운 얼굴을 그리고
길 잃은 한 송이 바람에 매달린다
가지를 흔드는 바람 소리가
엄마의 목소리 같다
감나무에 앉아 있는 까치의 붉은 부리가
허공을 쪼아댄다
까치밥이 빨갛게 흘러내린다

까치밥은 싹싹 비우는 게 아니란다
엄마의 목소리는 언제나 푸짐하고
까치와 직박구리와 참새가 엄마를 이해한다
터지고 흐르고 여기저기 묻은
붉은 까치밥에
부리 뾰족한 아들이 다녀갔다

밥상

알토란 국 끓어 넘치는 겨울 저녁
촘촘히 둘러앉은 아이들의 밥상머리에
한 줌 넘게 들어간 들깻가루 향은
문틈을 파고드는 찬바람과 맞선다
성에 차지도 않을
보리밥 그릇은 달그락거리고
토란 국솥은 숟가락 자국에 더 깊이 파였다
시도 때도 없이
뱃속만 눈치 보던 긴 겨울밤

나는 지금
늦은 저녁 밥상에 혼자 앉아 있다

연어가 길을 잃었다

연어가 길을 잃었다

어젯밤 얼음 깨고 던진 낚시에
하얀 물보라만 낚였다

바람이 파도를 업고 수평선을 밀고 온다

전깃줄이 빈 악보처럼 산마루에 걸려서
가로수가 가로수를 반복하고 있다

연어의 뒤틀린 자맥질이 바위 위로 날아오르고
콘크리트 보의 절벽이 길을 끊는다

가장자리 풀숲으로 돌아
벽을 넘어 무거운 녹초를 쏟아낸다
허리가 휜다

하얀 강물은 상류로 흐르고
연어는 절벽에서 방황한다

학교를 지나
회사를 지나
병원을 지나 가발을 벗는다
나의 고향이 가방처럼 벽에 걸려 있다

향수를 움켜쥔 연어 한 마리가
낚싯줄에 실향을 매달고 있다

우정주 빚는 날

겨울비가 서성이는 저물녘
기분을 흔드는 전화기가
일곱 시를 맞춘다

느리게 걷는 발자국이
오랜 친구의 심장 소리로
해변을 걷는다

겨울밤 바닷가 포차에서
출렁이는 웃음으로
우정주를 빚는다

바다가 파도를 토하고
술이 친구를 탐하는 밤
갈매기도 밤새워 취하고 말았다

눈이 발바닥에 달렸어요

마루에 매달린 눈이
마당으로 떨어진 줄도 모르고 눈이 온다
뒤축이 떨어진 아버지의 발자국이
눈 쌓인 마당에서 눈을 찾는다
장화 신고 눈길을 거닐던 소년이
툇마루에 걸터앉아 장화를 벗는다
발바닥에 붙은 눈이
오줌을 지린 소년처럼 아랫목에 고인다
엄마의 걸레질이 구멍 난 양말을 숨기고
소년의 발끝에서 눈을 훔친다
마당에는 아버지의 눈이 쌓이고
엄마의 검정 고무신이 눈을 다진다
아버지가 만든 눈사람이 골목길을 걸으며
뒤도 보지 않고 얼굴을 허공에 내놓는다
얼어버린 눈이 발바닥에 붙어서
녹아내린 눈을 찾고 있다

▮시평▮

임성섭의 강박과 서정성,
그리고 건강한 어떤 다른 세계(Elsewhere)

임성섭의 강박과 서정성,
그리고 건강한 어떤 다른 세계(Elsewhere)

박 종 성

　교수와 학생으로 만나 벗으로 교유하는 것이 귀한 일이나 이번 시인의 청탁은 마냥 흐뭇하게 받기가 어려운 일이다. 나는 시 전공자가 아닐뿐더러 시평을 경험한 적은 더더욱 없어 그렇다. 해서 이 글은 단순히 시인의 시들을 차분하게 들여다보고 직관적, 감각적인 감상의 수준을 벗어나기 어려울 터이다.
　시인은 1965년 경남 함양에서 태어났다. 2016년《대한문학세계》시부문 신인상을 수상한 바 있다. 시인의 작품은 깊은 가족애와 휴머니즘의 공동 운명에 관심을 두고 있으며, 자연과 인간의 조화로운 공존을 모색하고 현실과 일상에 전념하는 전형적인 서정시라는 특징이 있고, 합리적이며 밝고 활달한 시인의 성향이 이상과 현실을 추구하는 시편 곳곳에 묻어 있다는 중평(衆評)에 익숙하다. 그리고 무엇보다 암 투병 중에 발간하는 첫 시집이라 의미가 가볍지 않다.

  시인은 고향의 풍경과 자연의 아름다움을 섬세하게 그려내며, 동시에 시간의 흐름과 변화에 대한 감성을 담고 있다. 개천의 얼음과 물고기, 고래, 오동나무, 해바라기 등 체험에서 비롯한 시인만의 독특한 이미지를 생생하게 묘사하고 있어 마치 그 풍경 속에 함께 있는 듯한 느낌을 준다. 특히, 자연과 인간의 삶이 교차하는 모습이 따뜻하면서도 쓸쓸한 분위기를 자아내어 고향에 대한 깊은 애정과 동시에 변화에 대해 아쉬움을 담았다. 시의 반복적인 구절들은 자연의 지속성과 시간의 흐름을 강조하며, 독자에게 고향의 소중함과 그리움을 회상하게 한다. 시인의 시 곳곳에 느닷없이 등장하는 단층적 이미지의 연쇄가 표면적으로는 분절로 읽히지만 다른 한편으로 분절을 감싸 안는 이미지의 점(點)들과 선(線)들의 노정(路程)임을 인정할 수 있다.

노란 들판이
서리에 젖은 갈대를 잡고 무늬처럼 난다
강가애愛 수줍음으로 파르르 떨고
바다로 가는 은빛들은
물고기 무등을 타고 수평선을 난다

주말 아침 안개 핀 공항이
관제탑에 새긴 설렘으로 온통 은빛이다
반팔로 줄 선 비행기 파르르 떨고
활주로의 기도 같은 흔적으로
사연 많은 구름 속을 난다

짙은 발자국이 모인 들국화 무리가
농익은 향기를 잡고 전염된 낙엽처럼 난다
고추잠자리 향내에 취해 파르르 떨고
사방으로 충돌한 사랑으로 만나
지리산 메아리 따라 엄천강을 난다
―「가을을 난다」전문

시인이 함양에서 물고기 무등 타고 바다 가까운 부산으로 왔다. 고향에 대한 상념은 항시 시인을 간질이지만 공항의 쇳덩어리는 상념을 더욱 자극할 뿐 귀향을 불가능하게 하는 단절의 역설적 장벽일 따름이다. 시인은 들국화 무리를 지리산 메아리에 태워 엄천강에 안긴다. 시인은 고향과의 단절을 넘어서는 공간으로 강을 이정표 삼아 툭툭 건드린다. 함양의 엄천강은 경호강이었다가 남강이었다가 낙동강이 되어 흐르니 알록달록하게 물든 시인의 삶의 노정이 계절의 코트를 세련되게 차려입은 서정성으로 독자에게 다가선다.

「봄」은 시인이 계절감을 활용하는 서정성에 대한 하나의 태도를 강렬하게 드러낸다.

너를 찾아
블랙박스를 뒤졌더니
텅 빈 메모리에서 시작하고 있다
세상에 처음 쓰는 노랑 연두
분홍에 물을 섞은 붓을
모퉁이에서 쭉 끌고 지나가면
벚꽃이다

―「봄」전문

  리셋된 텅 빈 메모리가 아니면 봄은 새롭지 않고 지난 여름의 열대야를 예고하는 공포로 다가선다. 문고리가 없어 나갈 수 없는 그 여름의 「열대야」는 「봄」을 리셋하는 자극이다. 「가을을 난다」의 고향에 대한 단절과 상념, 「눈이 와」의 아버지가 묻어 둔 군고구마 냄새, 「곰탕」의 어머니 무릎 앓는 소리는 의미 없는 반복적 제스츄어로 시인을 집착과 강박으로 결박하게 할 것이니 「봄」은 시인에게 있어 계절의 시작이 아니라 갱신을 거듭거듭 감행하려는, 거듭될 텅 빈 기표로서의 마무리이다. 시인은 영리하다. 다른 시에서 시도하는 고향과 어우러진 계절감의 다채로운 전개는 시인이 그토록 도달하고자 하는 보편적 혹은 개별적 서정성과 끊임없이 소통하고, 나아가 부재하지도 존재하지도 않는 아버지, 어머니를 소환하여 회상하고 이야기하는 시적 자아의 전략적 통로로 활용된다.

  시인에게 아버지는 지금 부재하는 대상이지만, 시인의 눈에 담긴 모든 현상과 사물과 연계되어 느닷없이 등장하는 실존이기도 하다. 시인에게 부모는 그런 까닭에 사라지지도 생겨나지도 않는 영역에서 유영(遊泳)하는 대상이니 굳이 부모에 대한 상념이나 그리움이 항시적이지 않고 시인의 시선에 잡히는 모든 것이 사물과 접촉하며 순간 뜻이 머무는, 이른바 촉물우의(觸物寓意)의 느낌을 드리운다.

「곰탕」, 「눈이 와」, 「아버지의 빈집」, 「의자」, 「장 보따리」, 「홍시」 역시 아버지와 어머니에 대한 연민과 가족애가 느껴지는 대표 작품으로 시인 스스로 꼽는다. 특히, 「아버지의 빈집」은 그 속에 깃든 추억과 그리움을 섬세하게 그려내고 있다. 시인은 아버지의 녹슨 지게와 헛간, 그리고 고장 난 자명종을 통해 세월의 흔적과 함께 잃어버린 시간과 기억을 상징적으로 표현했다. 특히, "곪아가는 나뭇가지"라는 표현은 세월의 무상함과 자연스럽게 흘러가는 시간의 흐름을 느끼게 한다. 또한, 아버지의 지난 세월과 그리움이 자연스럽게 어우러져 독자로 하여금 아버지와의 추억을 떠올리게 하며, 세대 간의 정서적 연결을 깊이 느끼게 한다. 마지막 행에서 "고장 난 자명종에 갇혀만 있네"라는 표현은 시간의 멈춤과 함께 아버지의 삶과 기억이 아직도 그 집에 생생하게 남아 있다는 의미를 담고 있어 인상적이다.

「장 보따리」 역시 어머니의 일상과 희생, 그리고 사랑을 섬세하게 그려낸 작품이다. 이 시는 장을 보러 가는 아침의 소란스러운 모습과 함께, 어머니가 아이들의 다양한 요구와 장보기를 위해 애쓰는 모습을 생생하게 묘사하고 있다. 특히, 아이들의 장난스럽고 귀여운 모습이 자연스럽게 드러나면서, 형제애가 돋보이며 그 뒤로 숨겨진 어머니의 희생과 헌신이 감동을 준다. 이 시는 일상 속에서 느낄 수 있는 가족의 사랑과 희생, 그리고 그 속에 깃든 따뜻한 정서를 섬세하게 표현하였다.

나는 계절감과 서정성, 그리고 부재하지도 존재하지도 않는 아버지와 생존하는 어머니와의 회상이 어우러진 시인의 시적 세계를 「눈이 와」와 「곰탕」에서 경험할 수 있어 유독 반갑다.

마당도 골목도 사라졌어
하늘도 산도 사라지고 안 보여
고드름이 하늘로 솟아
구멍을 뚫었나 봐
아버지와 밤새 만들던 눈사람이
동구 밖에서 눈싸움을 하고 있대

쇠죽 끓이던 아버지의 하얀 발자국이
소리 없이 사라져
아버지의 발자국 따라
눈사람이 달려왔대

아버지의 미소가 쌓이고 있어
눈과 미소 사이로
살이 무른 진흙 길이 일어나려고 해
겨울과 겨울 사이로 아무리 쫓아가도
아버지의 길어진 발자국은 사라지고 없어
저 흰빛은 다 어디로 갔을까

아버지의 눈빛이 사방으로 박힌 마당에
눈사람과 손을 잡고
사라진 발자국을 아무리 찾아가도
아버지가 묻어 둔 군고구마 냄새만 나
—「눈이 와」 전문

가을빛이 베란다에 돗자리를 깔고
화초의 잎사귀를 일일이 쓰다듬는다

벤저민이 반짝반짝 웃으며 잎을 넓힌다
주방에서 끓어오르는 김이
거실을 지나 베란다로 모인다
고개를 쳐들고 입맛을 다시는 다육이
침을 삼키는 벤저민을 흘긴다
곰탕 끓는 소리가
어머니 무릎 앓는 소리 같다
—「곰탕」 전문

  시인은 겨울과 가을의 계절감을 독자에게 던져놓음으로써 누구나 그럴법하다고 공감하는 서정성을 영리하게 버무려 놓았다. 각각의 소재는 독자적으로 서정성과 감각을 간직하면서 동시에 상호 간 삼투작용을 하도록 하는 것은 시인의 장점 가운데 하나이다. 여기에 더하여 항시 부모를 느낄 수 있다고 믿고 어느 대상이든 부모를 소환하고 그 대상이 여전히 시인의 서랍 속에 확정적으로 들어앉아 하시라도 꺼낼 수 있다고 믿는 시인의 태도가 자명종에 갇힌 「아버지의 빈집」이나 「의자」 등에서 나타난다면, 「눈이 와」와 「곰탕」은 시인이 일종의 저장강박(貯藏强迫)으로 들어가는 순간 역설적으로 강박과의 거리를 절묘하게 유지하는 구실을 한다.

> 아버지는 나에게 나무 의자를 만들어 주었다
> 의자는 내 엉덩이가 자라는 것을 보았다
> 아버지는 엉덩이를 툭툭 쳤지만
> 내 머리가 커가는 것은 보지 못했다
>
> 누구의 손길이 까맣게 닳은 자리
> 나무 의자는 왼쪽 다리가 기운 채 책상 앞에 앉아 있다
> 시집을 들고 방문을 열자 의자가 돌아앉았다
> ―「의자」부분

시인에게 저 의자는 나희덕, 유홍준, 이재무, 조병화의 그것과 연계되어 시인의 일상과 회상(回想)을 간질이는 구실을 하는 까닭에 시인은 그 의자에 몰입하고 집착하고 강박 당하는 듯 보인다. 독자가 여기에 공감하며 비슷한 유형의 시들을 읽어나가다가 문득 느끼게 될 수도 있는 일종의 '나른함'이 등장할 때, 이를 깨뜨리고자 하는 시인의 전술이 「눈이 와」, 「곰탕」에서 작동한다. "아버지가 묻어 둔 군고구마 냄새"와 "어머니 무릎 앓는 소리"로

맺음을 하는 시인의 시적 습관은 문득 알아차린 아버지와 어머니의 존재와 부재를 소멸하지도 생겨나지도 않는 눈의 촉감과 군고구마의 후각, 끓고 있는 곰탕의 후각과 청각으로 치환시킨다. 부모의 부재와 존재 사이에서 상심하여 집착하고 강박당하는 영역에 잠시 발을 내밀었다가 이내 거둬들이는 시적 화자가 건강하다.

그러니 시인에게 저장강박은 장애가 아니라 시적 화자가 구축해 가는 특별한 시적 세계에 곧잘 닿을 수 있는 요령을 터득한 전술적 결과인 셈이다. 이 요령은 고향을 노래하며 계절감을 한껏 끌어올린 다른 작품들에서도 유효하다는 점에서 단편적이거나 일시적이지 않고 포괄적이고 지속적인 전술로 작동한다.

시인에게는 늘상 '부재하는 아버지와 존재하는 어머니와 나, 함양과 부산, 산골과 바다, 저기와 여기, 그때와 이때'라는 묘한 대립적 자질들이 상호 충돌하고 침투하고 결박하면서 시인만이 도달하려는 시적 세계에 강박적으로 집착하는 경향성을 읽을 수 있다. 그런데 시인은 집착과 강박이 시의 숙명 가운데 하나라고 인정하고 그 숙명을 자신의 숙명으로 기꺼이 껴안고 시인의 작품 내적 세계를 구축하는 노정에 강박의 장애를 시적 전략과 전술로 환치하는 작업을 즐긴다. 그러니 시인의 회상과 집착, 강박은 냉동실에 견고하게 얼어 서로를 결박하는 도가니탕용 스지나 소 깃머리 덩어리가 아니라 손만 대면 하시라도 떨어져 나가는 그것인 셈이어서 전략적이다.

  시인은 영원히 누군가의 아들내미이고 누군가의 애비임을 안다.

    정삼각형도 아닌 세모일 때가 있었어
    찌그러진 얼굴만큼이나 밑변이 미덥지 않았을 거야
    차라리 네모였으면 누군가의 의자라도 되었겠지
    밥을 먹을 때도 세모는 기울어진 탑처럼 불안했어
    세모와 네모 사이에 낀 원뿔이 될까 봐 밤잠도 설쳤지
    동그랗게 앉고 싶어서 책상 위에 숱한 밑그림을 그렸어
    그림 속 둥근 아이는 패스를 주고받는 농구 선수처럼 날아다녔어
    우주로 날아가 밝은 보름달이 되고 싶었을 거야

    먼 섬으로부터 아이의 숨결이 거칠게 뻗어있어
    물속에서 서툴게 소라를 줍는 기포가 울려

흔들리며 물 위를 걷는 발바닥이 파도를 타고 있어
동쪽 바다 그 섬에는 송곳봉이 아이를 지킨다지
나리분지는 아이가 만드는 장미 공원으로 내려앉을 거야
갈매기가 물방울 속에서 꽃새우를 키우고 있을지도 몰라
코끼리 바위를 날마다 오르는 우주의 천정을 그릴지도 몰라
삼선암을 휘감은 물길을 타고 공간을 유영하는 선녀를 꿈꾸겠지
세모와 네모의 기억으로 바다를 구르고 싶을 거야
―「섬으로 간 아이」 전문

시인은 왜 느닷없이 이 말을 하고 싶었을까. 시인은 아버지가 만들어 준 의자를 견인한다. 그 의자가 시인에게 결핍과 아련함으로 자리 잡았듯이 자신도 자식에게 네모의 형상이 자신을 소환하는 부분 대상으로 인식되기를 원했을지 모른다. 한편으로 시인의 이 구연(口演)은 시인 자신이 어릴 적 자신을 향한 자기 고백이고 독백이기도 할 것이다. 그는 섬과는 대립적인 산골에서 바다를 모른 채 태어나 자랐을 테니 섬으로 간 자식을 향한 희망과 기대는 어린 시절 시인 자신의 결핍을 은폐하는 자신과의 대

화이기도 할 터, 그렇다면 시적 화자는 이전의 '나'를 타자로 위치시키는 시도를 감행한 것이 아니겠는가. 시적 화자는 이렇게 '분열'을 즐긴다.

「구간단속구역」은 시인이 구축한 세계의 한 켠을 자극적으로 건드린다.

> 그물에 걸린 꽃게는 꽃이 없다
> 통발에 갇힌 조개는 진주가 없다
> 도로는 발바닥만 복사하고 있다
>
> 공항 검색대는 자정이 지나도 캐리어가 돌아간다
> 어둠을 표절한 새벽은 포맷 구역만 닦고 있다
>
> 새벽은 물감처럼 풀어지고
> 신호등 앞에서 경적이 출렁인다
> 제3구역에는 보이지 않는 카메라가 돌아가고
> 놓쳐버린 정기 검사는 응급실을 찾고 있다
>
> 카메라 렌즈는 안개에 갇혀 길을 잃고

구름 속을 뚫지 못한 햇살이
낡은 레코드의 음처럼 늘어진다

습관이 되어버린 나의 출퇴근은
헛기침만 듣고도 속도를 줄이고
기억을 잃은 내비게이션은 단속 구역을 놓쳐버린다

화려한 꽃을 찾아 백화점 계산대는 돌고
검은 진주를 찾아서 공항 검색대는 돈다
겨우 반환점을 지난 제3구역은 수평선을 측량 중이다
멈춰 선 나는 카메라를 꺼내 렌즈를 갈아 끼운다

샛별이 길을 찾는 시간
나는 상처 난 구간을 꺼내 들고 엑스레이를 찍고 있다
—「구간단속구역」 전문

이 시는 이른바 미래파라고 범주화된, 그런데 실체가 매우 모호한 시적 경향성에 손을 내밀려고 한다. 이 시에 등장하는 갖가지 대상에 대해 시적 화자는 무기력하게 관찰하고 감각(感覺)한다. 화자 자신을 둘러싼 환경은 무기

력한 관찰자의 시선에는 역동적이고 바쁘기만 하지만, 시적 화자 자신은 의식과 육체의 움직임과 단절하고 정체된 상태로 의미 없는 제스츄어로 일관한다. 습관적 출근길에도 시적 화자는 내비게이션조차 의식하지 못한 채 흘러 다닌다. "멈춰 선 나"란 존재가 고작 상처를 알아차리는 관찰자로 자위(自慰)해보려는 것이 그나마 다행일 뿐이다. 움직이는 감각적 이미지들의 병치는 정체된 시적 화자의 제어불능 상태와 이미지들의 인과성을 해석하기를 아예 포기한 상황을 조롱한다. 나 역시 시적 화자의 정체된 무대에 섰음을 공감한다.

 시인 임성섭은 대립적 자질들의 병치(竝置)를 시도하면서도 이들을 확정적으로 분별하지 않는다. 非실재와 非부재, 非이전과 非지금, 非저기와 非여기, 非주어와 非목적어의 시적 틀거리 속에서 한껏 유영하려는 시인의 도전은 순간순간 의미의 누빔점 하나하나를 어떤 규칙성에도 얽매이지 않은 채 끊임없이 생성하면서 자신만의 세계를 구축하려 한다. 시인의 그 어떤 다른 세계(Elsewhere) 속에는 집착과 강박, 무기력함 등의 부정성과 함께 머물고자 하는 시인의 건강한 자신감이 자리한다. 곧

부정적인 것의 쾌락을 건강하게 즐기는 법을 시인은 알아버린 것이다.

시인에게 있어 집착과 강박은 교묘히 숨어있다. 그런데 이것이 없으면 그의 시가 성립하기 어렵다. 마치 악보로서 분명 존재하지만 정작 연주 상황에서는 연주하지 않는, 이른바 '내성(Inner Voice)'의 부분이 존재한다면, 그의 강박과 집착은 내성과 같은 고도의 전략으로 기능하게 되기 때문이다.

시인의 곁을 지키면서 떠나지 못하는 어떤 혼이 있고, 아울러 시인과 결박되어 있지만 자유로이 다닐 수 있는 혼이 있을 수 있다면, 시인 임성섭은 독자를 전자로 유인하면서 자신은 다른 독자를 포획하기 위해 후자로 가는 길을 영리하게 찾을 것이다. 독자는 후자로의 노정을 시도하는 시인에게 그 노정기를 함께 써내려 가기를 요구해야 한다. 그래야 임 시인의 영리한 전략에 휩쓸리지 않고 시인과 독자가 대등하게 독립적인 관계로 대화를 이어 나갈 수 있다.

「동음이의어」에서 희작(戱作)의 형식을 가져와 말(言)이 많은 말 세계를 이야기하는 시인이 마치 자신은 소객(騷客)이 아닌 척 능청스럽게 타인의 귀를 뜨겁게 만드는 것을 능사로 여기면서 정작 '말똥이 많아 귀가 뜨겁다'고 투덜대는 이 시인에게 독자들이 유쾌한 꾸중과 생기 넘치는 핀잔 하나쯤은 던질 수 있어야 한다.

박종성

한국방송통신대학교 국어국문학과/대학원 문예창작콘텐츠학과 교수, 한국방송통신대학교 디지털미디어센터 원장. 서울대학교 인문대학 국어국문학과 및 동대학원 졸업 (문학박사). 주요 논저 『한국창세서사시연구』, 『구비문학, 분석과 해석의 실제』 외 다수.

산책하러 갈까요

초판 1쇄 인쇄 2025년 11월 12일
초판 1쇄 발행 2025년 11월 20일

지은이 | 임성섭

펴낸이 | 정연순
펴낸곳 | 도서출판 가을

출판 등록 2017년 10월 31일 제2017-000012호
46280 부산광역시 금정구 수림로 107 1동 701호 (장전동)
전   화 | 010-5449-9365
이메일 | statisjys@daum.net

ISBN 979-11-984540-4-1 03810 : ₩12000

* 이 책은 부산광역시·부산문화재단 부산문화재단의 2025 '부산문화예술지원사업'
  에 선정되어 발간되었습니다.
* 이 책은 저작권법에 의해 보호받으므로 무단 전재와 복제를 금합니다.